mamã

Mama

papá

Papa

menino

Junge

menina

Mädchen

1 

um

eins

2

dois

zwei

3

três

drei

4

quatro

vier

5

cinco

fünf

6

seis

sechs

7

sete

sieben

8

oito

acht

9

nove

neun

10

dez

zehn

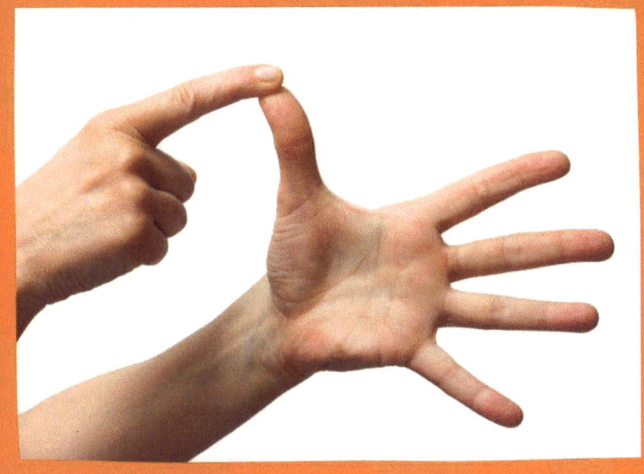

contar

zählen

escrever

schreiben

desenhar

zeichnen

pintar

malen

círculo

Kreis

quadrado

Quadrat

retângulo

Rechteck

triângulo

Dreieck

estrela

Stern

preto

schwarz

branco

weiß

castanho

braun

vermelho

rot

azul

blau

amarelo

gelb

verde

grün

roxo

lila

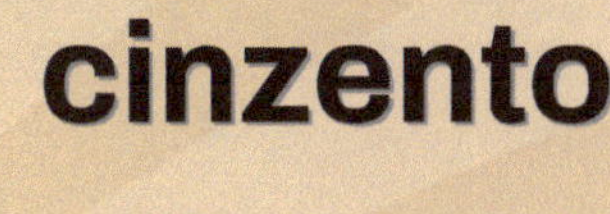

cinzento

grau

laranja

orange

rosa

rosa

maçã

Apfel

banana

Banane

ananás

Ananas

melancia

Wassermelone

pera

Birne

uvas

Weintrauben

manga

Mango

pêssego

Pfirsich

morango

Erdbeere

cereja

Kirsche

laranja

Orange

coco

Kokosnuss

limão

Zitrone

cogumelo

Pilz

milho

Mais

tomate

Tomate

abóbora

Kürbis

pepino

Gurke

cenoura

Karotte

batata

Kartoffel

curgete

Zucchini

espinafre

Spinat

couve-flor

Blumenkohl

ovo

Ei

prato

Teller

colher

Löffel

faca

Messer

garfo

Gabel

bolo

Kuchen

biberão

Babyflasche

doces

Süßigkeiten

queijo

Käse

beber

trinken

comer

essen

quente

heiß

frio

kalt

pequeno

klein

grande

groß

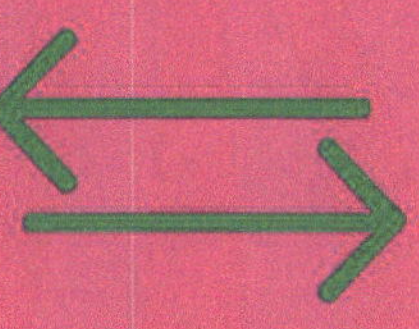

curto

kurz

longo

lang

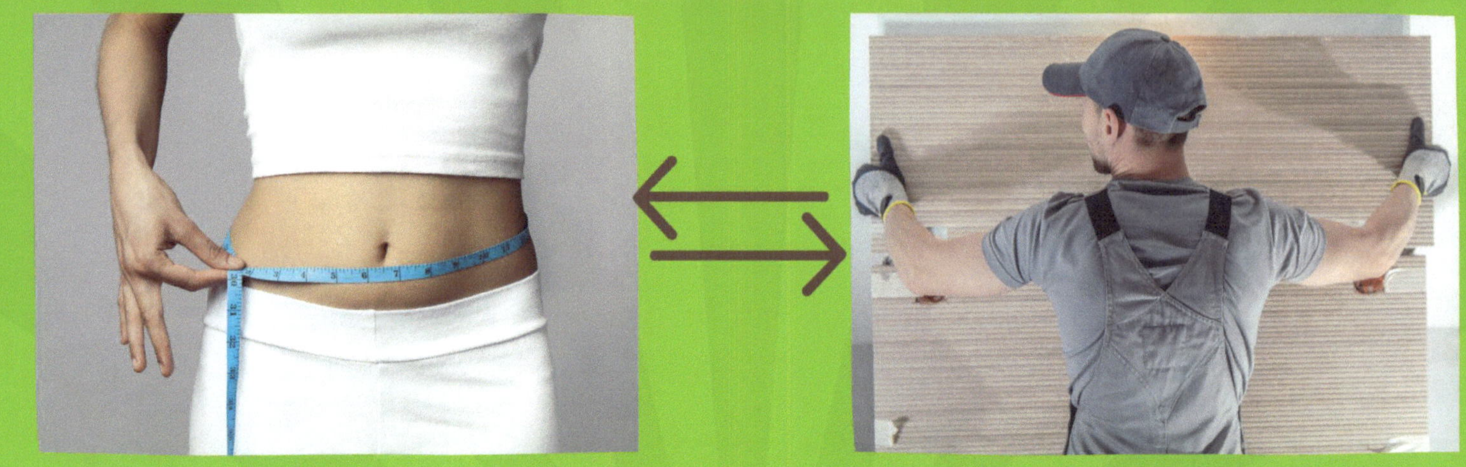

fino

dünn

grande

groß

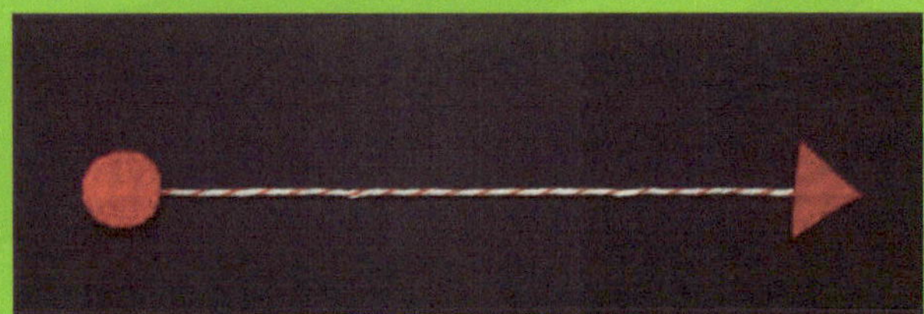

fácil

leicht

difícil

schwierig

levantar-se

aufstehen

sentar-se

hinsetzen

doce

süß

salgado

salzig

pesado

schwer

leve

leicht

dentro

in

fora

aus

sujo

dreckig

limpo

sauber

fechar

schließen

abrir

öffnen

lápis

Bleistifte

relógio

Uhr

chave

Schlüssel

livro

Buch

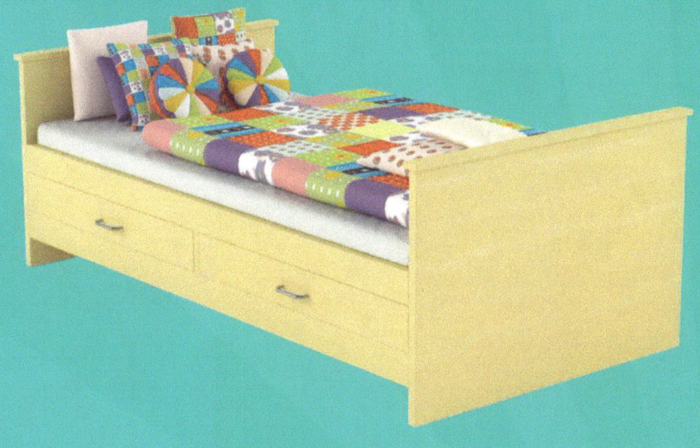

cama

Bett

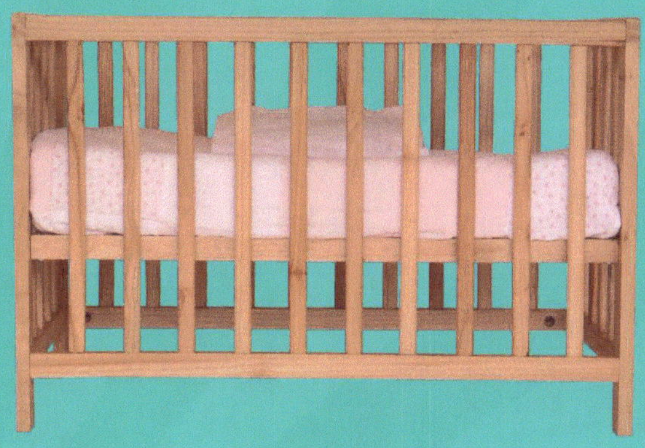

berço

Krippe

mesa

Tisch

cadeira

Stuhl

carro

Auto

bicicleta

Fahrrad

avião

Flugzeug

barco

Boot

comboio

Zug

helicóptero

Hubschrauber

camião dos bombeiros

Feuerwehrauto

bombeiro

Feuerwehrmann

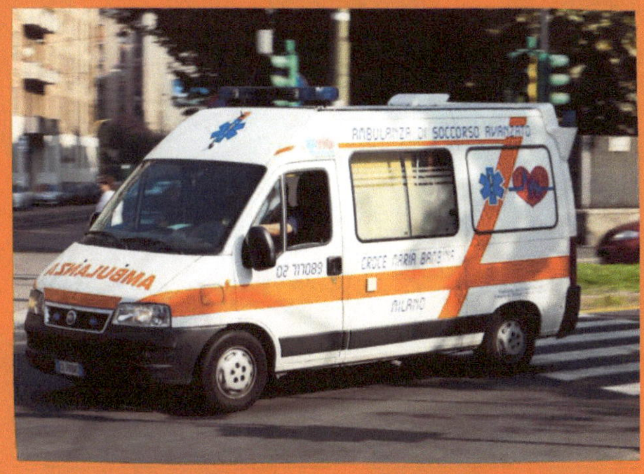

ambulância

Krankenwagen

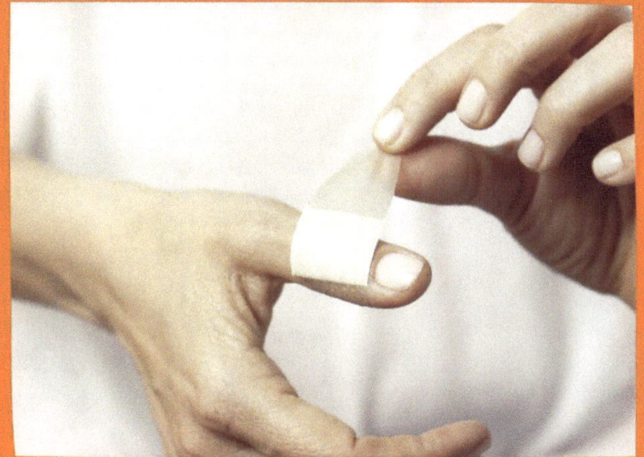

ligadura

Verband

paramédico

Rettungssanitäter

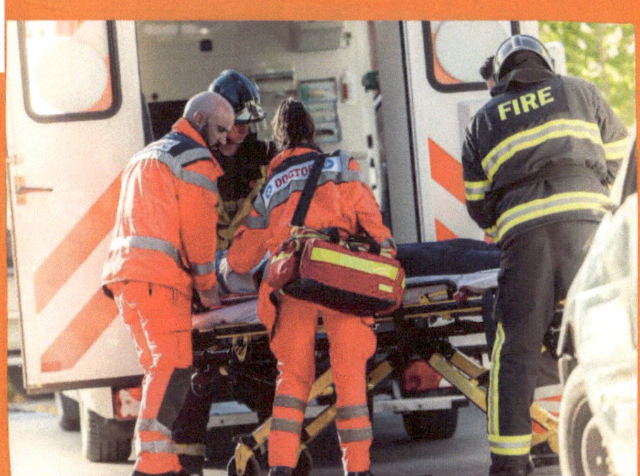

equipa de resgate

Rettungsteam

floresta

Wald

montanha

Berg

relva

Gras

areia

Sand

árvore

Baum

flor

Blume

borboleta

Schmetterling

formiga

Ameise

gato

Katze

cão

Hund

cavalo

Pferd

rato

Maus

vaca

Kuh

porco

Schwein

ovelha

Schaf

pato

Ente

ganso

Gans

coelho

Hase

peixe

Fisch

veterinário

Tierärztin

médico

Doktor

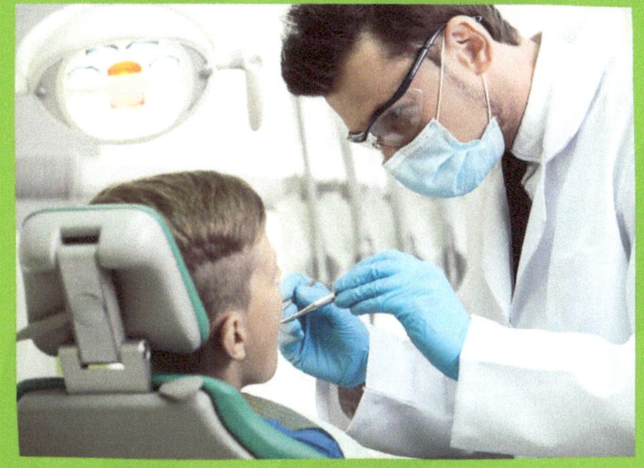

dentista

Zahnarzt

farmacêutico

Apotheker

enfermeira

Krankenschwester

cabeça

Kopf

pescoço

Hals

pé

Fuß

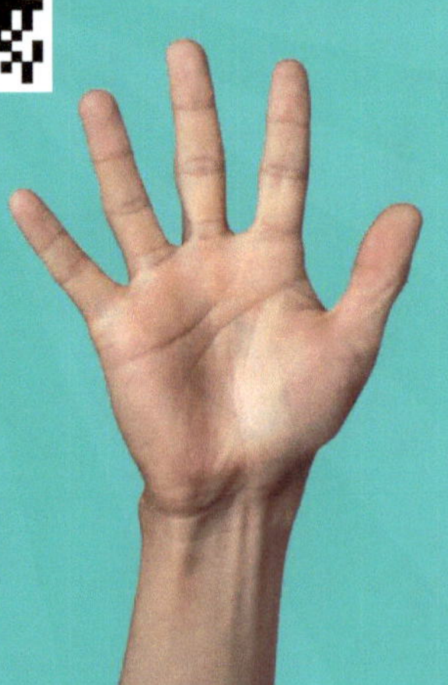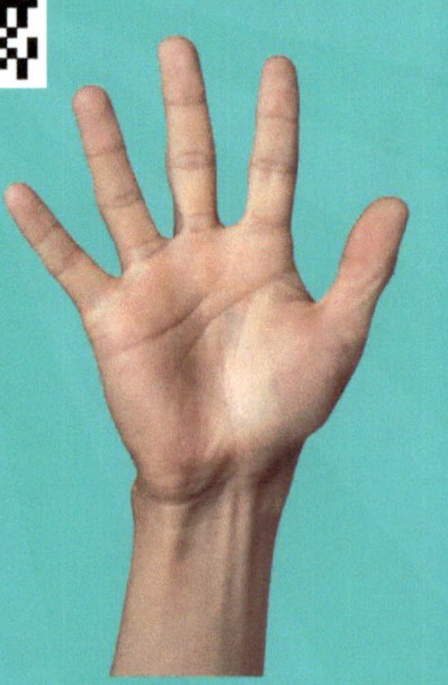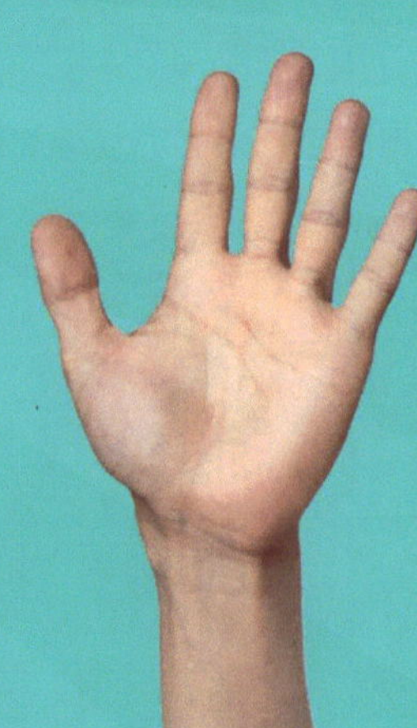

mão

Hand

dentes

Zähne

olho

Auge

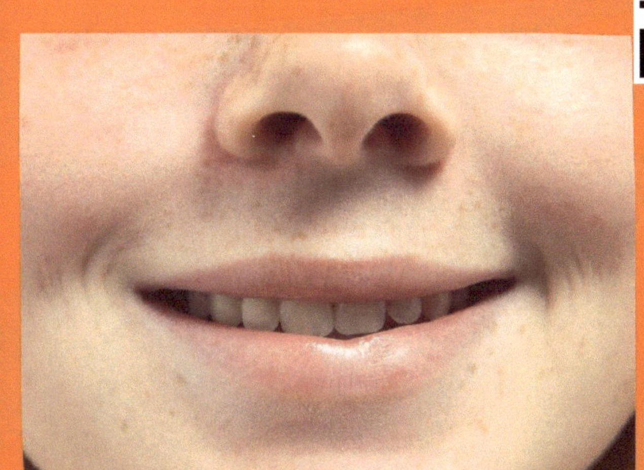

boca

Mund

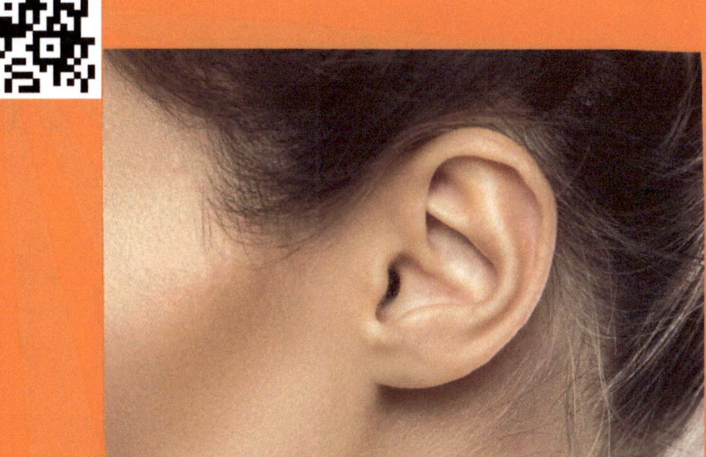

orelha

Ohr

chapéu

Hut

vestido

Kleid

calças

Hose

sapatos

Schuhe

casaco

Mantel

cachecol

Schal

guarda-chuva

Regenschirm

óculos

Brille

sol

Sonne

nublado

wolkig

chuvoso

regnerisch

lua

Mond